星座大戰
首部曲

繪／PIEPIE
文／王小亞・夏美

各界名人捧腹推薦！

沒想到阿德老師也會看漫畫～

許常德 愛情星座專家·音樂人

只有不一樣的星座書，
才能被新時代接受！

睫毛 「老媽我想當禿子」暢銷圖文作家

令人捧腹大笑深感中肯的《星座大戰首部曲》，中肯到讓你想摔書的各種星座解析，有趣圖文與生動情節令人眼光捨不得離開！

是睫毛子呢!!! HELLO～ I AM PIEPIE!!

→ 睫毛的 FAN

阿慢 「百鬼夜行誌」暢銷圖文作家

COSPLAY 阿慢～

看著自己星座人物的爆笑反應，真沒想到，星座書也可以用漫畫表達的如此有趣呢！

Lu's 網路名圖文作家

嘻嘻

爆笑有趣的星座大祕辛，中肯的內容道出有趣又可愛的生活分享。超神準內容，都懷疑是不是在我家偷裝監視器了！

PIEPIE的作者序

臺灣的朋友～大家好～
我是 PIEPIE

那個……
妳繼續說呀？

可是……人家不知道
說什麼好呢……

好笨呀～

就說說妳～
介紹自己吧！

雙子男朋友

大家好，我是 PIEPIE，今年（嗶——）歲，喜歡的食物有很多～，像是鮭魚啦～生魚片啦～拉麵也是可以的，對了，蛋糕也是我的最愛～做得很好看又很好吃的蛋糕超喜歡的呢！對了，說起來～我經常在臺灣的網路商店上網購臺灣的衣服呢～（覺得很好看）雖然運費都有點貴～不過我已經是VIP會員了，還有優惠呢～對了，你們臺灣的東西好好吃喔～男朋友……海鮮呢，像是生蠔啊什麼的，跟我說……

說重點！廢話
太多了吧！

喂，別在書店光看，
書不買回家我怎有錢

這又太直接了！

別裝可愛

沒位置
了，妳就
沒話要和
讀者說
嗎！

目録

序章 登場篇

12星人介紹所

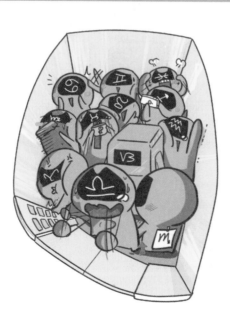

Υ 　白羊座　03月21⊙－04月19⊙　火象

४ 　金牛座　04月20⊙－05月20⊙　土象

Ⅱ 　雙子座　05月21⊙－06月20⊙　風象

Ꭶ 　巨蟹座　06月21⊙－07月22⊙　水象

Ꮒ 　獅子座　07月23⊙－08月22⊙　火象

♏ 　處女座　08月23⊙－09月22⊙　土象

 天秤座 09月23○−10月22○ 風象

 **天蠍座** 10月23○−11月21○ 水象

  射手座 11月22○−12月21○ 火象

  摩羯座 12月22○−01月19○ 土象

  水瓶座 01月20○−02月18○ 風象

  雙魚座 02月19○−03月20○ 水象

白羊座

金牛座

雙子座

巨蟹座

獅子座

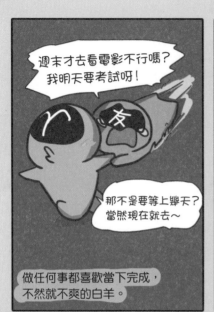

做任何事都喜歡當下完成，
不然就不爽的白羊。

金牛：內心其實極注重感官享受，
喜歡一切摸得著，吃得到的事物。

雙子座
說話和呼吸一樣
重要的生物。

巨蟹座：內心是個熱情的
傢伙，可惜情緒起伏大。

天秤座

天蠍座

射手座

摩羯座

水瓶座

雙魚座

叫你買瓶醬油，要這麼久嗎？

灰頭土臉的怎麼出門呀！

有明星架子的獅子，不允許自己露出不光鮮的一面。

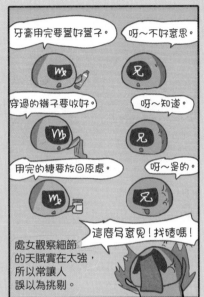

牙膏用完要蓋好蓋子。

呀～不好意思。

穿過的襪子要收好。

呀～知道。

用完的糖要放回原處。

呀～是的。

這麼多意見！找碴嗎！

處女觀察細節的天賦實在太強，所以常讓人誤以為挑剔。

結婚

嗯～

哦～

買房

呀～

男朋友

天秤對一切的言語攻擊，常用不置可否來回避。

陳大明
雙子
724

王小花
白羊
642

香蕉皮
？？？
0.5

天蠍習慣先默默為人打分數，再決定怎麼交往。

白羊座
金牛座
雙子座
巨蟹座
獅子座
處女座

射手說不清是大方還是不可靠，
反正很多事對他們來說從一開始
就不在乎。

摩羯對空頭承諾不感興趣，
喜歡穩紮穩打掌握將來。

水瓶往往自封為宇宙唯一的智者。

雙魚指的就是金魚和鯊魚合體。

電話騷擾篇 1

當十二星座被電話騷擾，他們會……

叮零零，有人打來提醒你起床尿尿～

天秤座

天蠍座

射手座

摩羯座

水瓶座

雙魚座

該死的
你死定了!

獅子霸氣
外露

白痴，無聊死了！

處女無視之

天秤，
自認倒楣好了。

比我還狠？

雙子和
天蠍把握機會⋯⋯

白羊座

金牛座

雙子座

巨蟹座

獅子座

處女座

菜蟲篇2

當十二星座吃飯吃到菜蟲，他們會⋯⋯

客官，你點的純天然
無農藥青菜～

天秤座

天蠍座

射手座

摩羯座

水瓶座

雙魚座

看起來很好吃的樣子呀！

我不客氣了～

獅子

巨蟹

處女

等一下！

老闆給我過來！

這裡有條菜蟲呢！

你怎樣解釋？
吃到蟲怎麼辦？
我一定會告你的！

都說留在家，
自己煮是
最好的！

店

你看這是什麼？
要是沒有合理解釋，
我絕不放過你們！

白羊座
金牛座
雙子座
巨蟹座
獅子座
處女座

天秤座

天蠍座

射手座

摩羯座

水瓶座

雙魚座

母親節篇 3

當母親節到來，十二星座的小孩會⋯⋯

媽，我回來了！

天秤座

天蠍座

射手座

摩羯座

水瓶座

雙魚座

白羊的
母親節

喂喂，你覺不覺得最近
街上賣花的人變多了？

師哥，買枝花吧。

對呀！

笨蛋，下星期是母親節，
當然很多人買花呀。

母親大人，今天一起
出去吃大餐吧～

白羊不會十分刻意，
想慶祝就慶祝。

白羊座

金牛座

雙子座

巨蟹座

獅子座

處女座

金牛的母親節

娘親，這條金鏈送給你當母親節禮物。

出去吃飯慶祝就可以了吧？

這也太貴了！

不是的，最近金價下跌不少，不是很貴的，反而現在出去吃飯商家會趁機漲價，才吃虧呢～

況且黃金保值呢！

晚餐我親手做好了～快吃吧！

傻小子。

對金牛來說，不被商家牽著鼻子走，才是過節日的王道。

雙子的母親節

老媽，祝你母親節快樂～身體健康！

傻小子，下星期日才是母親節呀！

請你喝可樂

♎
天秤座

♏
天蠍座

♐
射手座

♑
摩羯座

♒
水瓶座

♓
雙魚座

是唔……難道我記錯了？？不可能呀……我還訂了餐廳。

好啦，媽媽知道你心意了。

我看老媽這樣年輕，過青年節就可以了，祝媽媽青春常駐！

就你嘴甜。

今天誠慶祝老媽青年節快樂吧！

雙子不注重實際行動，

反而因為口才好，

光用嘴也能哄人開心。

巨蟹的母親節

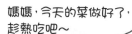

蟹子出了名的孝順，

對巨蟹來說天天都是母親節。

天秤座

天蠍座

射手座

摩羯座

水瓶座

雙魚座

白羊座
金牛座
雙子座
巨蟹座
獅子座
處女座

處女在母親節的前一個月

下個月母親節了，送什麼好呢？

三星期前

星座大師，我媽金牛座，送什麼禮物好？

送實惠的好。

一星期前

該送名牌包包還是花呢？

要不大吃一頓？

但花不實際呀！

包包太貴了吧？

三天前

香水我媽又不用！

衣服不合身怎麼辦？

可是外面的東西又不健康！

當日

不管了，老闆，我要這個手袋，包起來！

處女老是考慮太多，累了自己又煩別人。

天秤的母親節

到底要買補水面膜，
還是抗皺精華呢？

補水

抗皺

小姐，把這些
都打包吧，全買了！

對阿，我怎麼沒想到！

其實不論做什麼，天秤都想有個
強勢的人幫他做選擇。

白羊座

金牛座

雙子座

巨蟹座

獅子座

處女座

天秤座
天蠍座
射手座
摩羯座
水瓶座
雙魚座

射手的母親節

老媽，母親節快樂！送你貓咪一隻。

貓？

聽說老年人養個動物，生活會更充實，也不易得老人痴呆呢！

可是，我對貓毛過敏呀⋯⋯

我約了朋友，先走了～Bye！

射手往往一廂情願，好心辦壞事。

天秤座

天蠍座

射手座

摩羯座

水瓶座

雙魚座

水瓶的母親節

兒子，知道明天什麼日子嗎？

星期天呀。

是母親節！母親節呀！

來，給妳糖吃。

臭小子，
連母親節都忘了……

三日後～

母親，我愛你。

母親節這麼商業化，
沒必要被人牽著走，
表達愛才不需要
選日子呢～

少臭屁了

水瓶討厭在固定的日子做重複的事，為了突出自己的心意，會在讓人失望時給別人一個驚喜，讓人又愛又恨，真是讓人摸不著頭腦的水瓶。

白羊座

金牛座

雙子座

巨蟹座

獅子座

處女座

雙魚的母親節

首先準備兩個芒果，
然後去皮，
果肉切片備用。

加入牛奶、砂糖，
不斷攪拌後，
放入模具，
烤三十分鐘。

並且在等候時，
寫一封信。

然後交給最喜歡的媽媽。
（這是我認識的雙魚！）

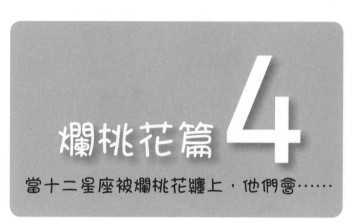

爛桃花篇4

當十二星座被爛桃花纏上，他們會……

放手呀！變態！

美女，我們去逛街吧！

天秤座

天蠍座

射手座

摩羯座

水瓶座

雙魚座

天秤假裝心有所屬

下一夏！

天秤座

天蠍座

射手座

摩羯座

水瓶座

雙魚座

天蠍把爛桃花介紹給別人

白羊座

金牛座

雙子座

巨蟹座

獅子座

處女座

水瓶把爛桃花視為異星怪物。

天秤座

天蠍座

射手座

摩羯座

水瓶座

雙魚座

運動會篇 5

當十二星座參加運動會，他們會……

天秤座

天蠍座

射手座

摩羯座

水瓶座

雙魚座

短跑

立即能比出高下的
項目都是白羊的強項

游泳

巨蟹擅長游泳
（奧運金牌菲爾普斯
也是巨蟹的）

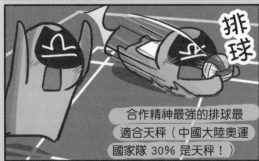

排球

合作精神最強的排球最
適合天秤（中國大陸奧運
國家隊 30% 是天秤！）

長跑

699

堅持就是勝利～
摩羯座

舉重

無論多重，
金牛也能頂住！

吊環

彰顯力量和
優美肌肉
曲線的吊環最適
合獅子來表演

擊劍

天蠍本來就是天生
帶刺的危險人物

看電視

運動？還是看電視
更適合懶蟲水瓶

體操

靈活多變的雙子
適合玩體操

天秤座

天蠍座

射手座

摩羯座

水瓶座

雙魚座

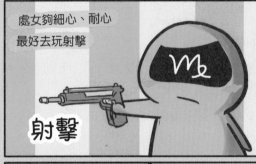

處女夠細心、耐心
最好去玩射擊

射擊

馬術

有爆發力，又能
自由奔跑的馬術
是射手的最愛

光是裝可愛，雙魚
也能得金牌。

花樣滑冰

恐怖電影篇 6

當十二星座去看恐怖電影，他們會……

沒廁紙篇 7

當十二星座大便完，發現沒紙了……

天秤座

天蠍座

射手座

摩羯座

水瓶座

雙魚座

白羊座
金牛座
雙子座
巨蟹座
獅子座
處女座

老兄，你是不是有東西擦屁股？借我用一點～

搞什麼，弄個廁所竟然沒放紙！！等我出來一定要出律師函投訴！

喂～達X樂～麻煩你送個披薩到西門町公廁，勿帶點紙哦～

天秤向旁邊的人求助

天蠍私下解決，怕被他人知道，成了人生的汙點。

射手打電話求救……

果然在包包裡勿放一包面紙是對的。

沒人看見，沒人看見。

今早被變態伯騷擾，現在又沒紙，怎麼這麼衰……

摩羯兩手準備，不怕廁所沒紙～

水瓶提著褲子去找衛生紙

雙魚亂想起來

SHOPPING篇 8

當十二星座遇上百貨公司週年慶……

火象組

白羊座
金牛座
雙子座
巨蟹座
獅子座
處女座

今天是一年一度的聖誕大特賣呢！

好多東西都打折呢，多買多送呀！

喂喂……

就算這樣，也別買太多用不著的東西呀！

白羊

射手

獅子

聽說他欠人家錢，每天只能吃泡麵呢！

什麼嘛，原來傳言是真的呀！

才不是呀！我現在血拼給你看！

總共 7716 元，謝謝惠顧！

我有買這麼多嗎？

這個月真的只能吃泡麵了。

7-11

和衝動購物的火象逛商場，
實在很難獨善其身，只能陪
他們一起當月光族。

風象組

白羊座

金牛座

雙子座

巨蟹座

獅子座

處女座

土象組

哈欠～

告訴你呀，和火星人逛街必定破財的，還是我們土象的好！

聽說土象的都特別精打細算呢～

摩羯 處女

跟我們一起，保證不花冤枉錢！

金牛

天秤座 天蠍座 射手座 摩羯座 水瓶座 雙魚座

我們去別家買打折品吧～

可是我是來買電腦的！

買奶粉呀～進口奶粉很好賣的，一轉手賺十幾倍！

買什麼電腦呀！

但我去別家要買啥？

奶粉！

電腦有必要嗎？

放心，絕對有市場的，不用怕～

我是為什麼來 shopping 的……

洋芋片

奶粉

養樂多

和土象shopping，不是什麼也不能買，就是會買一堆莫名其妙的。

天秤座

天蠍座

射手座

摩羯座

水瓶座

雙魚座

我也有話要告訴你……

平日嫌你笨，笑你呆是因為我愛著你！

眼淚化成洪水了

白羊感動得軟化了！

說好的龍蝦呢！

辛苦賺來的錢，不用沒機會了！哪有時間看什麼情書！！

還要抓緊時間把錢花光！

金牛，說好的情書呢？

好開心呢，想不到是你陪我度過世界末日。

雙子開心地笑迎世界末日～

白羊座
金牛座
雙子座
巨蟹座
獅子座
處女座

天秤座

天蠍座

射手座

摩羯座

水瓶座

雙魚座

收我的情書吧!
我有十克拉鑽戒!

我有房子～

我有蛋糕!

為什麼世界末日還要糾結?

蛋糕!

天秤的末日

等一下!發展太快了!
再這樣我要叫人了!

你叫吧,都快世界末日了,叫破喉嚨也沒人會來!

LOVE

天蠍要在極樂與高潮中進入地獄天堂

你不會相信世界末日吧?
有時間不如去玩吧。

可是……
情書……

明天見～
Bye～

射手座對相信末日論的傻瓜感到莫名其妙

白羊座

金牛座

雙子座

巨蟹座

獅子座

處女座

考試篇 **10**

當十二星座去考試，他們會……

11

遲到篇

當十二星座要遲到了，他們會……

都快九點了！
再不起床不理你了！

08：45

讓我多睡五分鐘就好～

09:00

司機大哥,有水嗎?

遲了就得盡快到!
白羊的想法就這樣簡單。

09:05

主任……我睡過頭了,
今天晚點到!

再十五分鐘～

雙魚會撒嬌一下

按公司規定,每遲到一分
鐘,要扣五元,但缺席一
天扣三百元……這樣乾
脆不去還好呢～

09:20

在任何情況下,金牛
都要選出最實惠的方案。

09:30

老闆,我車壞了,
就在半路上,可
能會晚一點到!

雙子藉口多多
靈活應對

 天秤座

09:45

老闆，我要請一天假。

如果巨蟹心情差，寧可請假在家打掃，晒晒太陽。

 天蠍座

10:00

我是主管呀，請假的話不太好呀，但是被下屬看到我遲到……也太丟臉吧～

To be or not to be, that is lion（獅子）。

 射手座

 摩羯座

12:00

你這麼晚，我幫你打卡了。

哦～3Q～

天秤的好人緣，一般人是嫉妒不來的。

 水瓶座

 雙魚座

12:30

你遲到了呀！

不關我事，都怪這鬧鐘不響。

處女永不認錯

白羊座

金牛座

雙子座

巨蟹座

獅子座

處女座

你拿著刀幹嘛？

我要成為航海王！

白羊玩盡一切危險物品

金牛小時候，

會開一個人的
零食派對。

吃飯了～
還玩！

雙子沉迷於打電動

1+2＝3

巨蟹愛演老師或
當媽媽（爸爸）

♎
天秤座

♏
天蠍座

♐
射手座

♑
摩羯座

♒
水瓶座

♓
雙魚座

我果然是全世界最帥的小學生！

小獅子從小就自信滿滿。

你沒看過皮亞傑認知發展理論嗎？每個人小時候都在認知階段學習，有一、兩件傻事有什麼奇怪？～

處女絕口不提自己做過的蠢事。

哪件好呢？

每個天秤都有個愛美的媽……

你以為我童年的祕密會告訴你嗎？

其實都和別人的差不多。

天蠍沒有童年嗎？

白羊座

金牛座

雙子座

巨蟹座

獅子座

處女座

癡漢篇 **13**

當十二星座被變態盯著看，他們會……

白羊警告對方

金牛假裝沒注意
對方

雙子妄想發作

巨蟹擔心被
壞人盯上

PC711699，這裡發現一名變態。

就是那個變態一直盯著我！

獅子把對方交給警察處理

果然不是臉上有東西～

果然是我太正了吧～

處女又開始臭美

我叫天秤，你是不是認錯人了，怎麼一直盯著我？

我看的就是你～

我的眼！

幹得好！天蠍！

射手也要盯著對方。

不知魔羯是否根本沒注意對方，不過就算真的發現了，只要對方沒有誇張的行動，魔羯就不會理對方。

你是不是在看我？你對我有意思？

敢看不敢認？

水瓶追著那個人

死變態，去你X的XXX，吃X屎吧垃圾，XX！

雙魚內心爆髒話！

減肥篇 **14**

哪個星座最有可能減肥成功？

什麼時候
胖成這樣？

白羊座
金牛座
雙子座
巨蟹座
獅子座
處女座

竟然喊我肥婆，太可惡了！

以前所有人都說我美呢！

一定要下決心把肥肉減掉！

跳個健美操～減肥順便修身！

減把最需要的是毅力！堅持！堅持！

處女

天秤

在瘦下來之前不吃肉～

摩羯

一個月後

這才是真的我～

摩羯減肥班

現在報名八折優惠

我果然美極了！

為了形象、為了美，處女、天秤不惜一切也要瘦下來，加上最有毅力的摩羯，這三人成了減肥容易組。

下一頁！

天秤座

天蠍座

射手座

摩羯座

水瓶座

雙魚座

白羊座

金牛座

雙子座

巨蟹座

獅子座

處女座

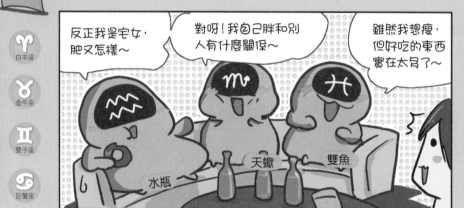

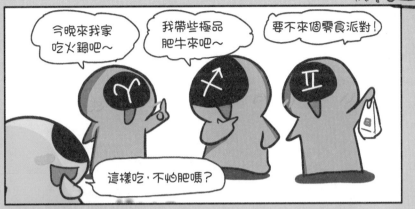

天秤座
天蠍座
射手座
摩羯座
水瓶座
雙魚座

今晚來我家吃火鍋吧~

我帶些極品肥牛來吧~

要不來個零食派對!

這樣吃,不怕肥嗎?

以前真的很胖,但長大後瘦了不少~

放心~我是吃不胖的體質!

唉,我也想身長點肉,太瘦了……

肥

又肥了四公斤

白羊　射手　雙子

打死他!誰讓他臭美!

等一下!

千斤壓!

小林十八肥人陣

別打我!

F　A　T

對於白羊、射手、雙子每天都充滿精力四處找樂子,實在是想肥也肥不了~

插隊篇 15

當十二星座看到別人插隊時……

♎
天秤座

♏
天蠍座

♐
射手座

♑
摩羯座

♒
水瓶座

♓
雙魚座

吃什麼好呢？

等一下吧！

快點啦～
餓死我了！

白羊　　　金牛　　　雙子

你想這麼久，
不如讓我先～

喂！
你插隊呢！

麻煩你，
來個一號餐！

可是你想
很久了～

有人插隊！

要你管呀！

放手！

你給我回去排隊！

你看到他的臉嗎？面尖
尖，印堂發黑，果然是插隊
死賤人，遲早死於非命！

回你個鬼！

放你個鬼！

讓他們先好了～

出手阻止對方的白羊　　　不太計較先後的金牛

只會耍嘴皮子發洩的雙子

白羊座

金牛座

雙子座

巨蟹座

獅子座

處女座

今天要趁著特價～
多買點櫻桃～

按規定～獅子是
排在你前面的～

誰訂的！
可惡！

巨蟹　　獅子　　處女

我朋友在前面，
不好意思～請
讓一讓。

插隊啦！

喂！幹什麼呀你！

喂！神經病呀！
去排隊呀！

什麼呀！

放手啦！

大家努力把這
種人趕走！
加油哦。

你這樣很缺德呀！
應該排隊吧！就是
你這種人教壞下一
代，GDP才會下
滑！人渣！

你不老實排隊，
我對你不客氣！

先禮後兵的獅子

面對危機，巨蟹負責打氣就好

天秤座

天蠍座

射手座

摩羯座

水瓶座

雙魚座

可是無論從哪頭開始，你都是排第二位呀！

可惡，被他賺到了。

真走運，我竟然是第一！

我都沒投訴～

天秤

天蠍

射手

冷靜點，別說髒話。

他在插隊！搞什麼！

喂我也趕呀！

讓我先吧，我趕時間呀，謝謝！

賤

多一事不如少一事的天秤

就讓他，先算了吧～

他X的XXX去XX的，你XX李X呀，X蛋XX的排隊呀！白痴！

說什麼啊你！

喂！

反插你隊～

你他X的去排隊呀！

天蠍詛咒那個人

射手和那人鬥插隊

白羊座

金牛座

雙子座

巨蟹座

獅子座

處女座

工作篇 **16**

最適合十二星座的職業是……

老公～為了這個家，每天工作辛苦了～

不會呀～每天工作都很開心。

神棍篇 **17**

當十二星座遇上神棍，他們會……

施主，要不要聽我贈你幾句呢～

王大亞占卜

白羊座

金牛座

雙子座

巨蟹座

獅子座

處女座

第一天　水之日

第二天　風之日

下一頁！

天秤座
天蠍座
射手座
摩羯座
水瓶座
雙魚座

第三天　火之日

♎ 天秤座
♏ 天蠍座
♐ 射手座
♑ 摩羯座
♒ 水瓶座
♓ 雙魚座

第四天　土之日

寵物篇 18

十二星座會養什麼樣的寵物？

貓貓好可愛哦，我最愛養貓了～

貓貓狗狗什麼的，最討厭了！

喵～

貓派

我這隻是得過獎的「名貓」！

獅子愛養血統名貴的同類

好酷呀！
不愧是我的貓。

貓的矜持與獨立讓天蠍看到自己的影子

貓～我沒空做飯，你自己去買吧～

又要抓老鼠吃了～

除了自理能力高的生物，
否則請珍惜生命，遠離水瓶。

天秤座

天蠍座

射手座

摩羯座

水瓶座

雙魚座

白羊座

金牛座

雙子座

巨蟹座

獅子座

處女座

狗派

特殊要求派

沒有工作的，
就不給飯吃！

魔鬼主人

VB

有沒有用是摩羯
養寵物的前提。

天秤座

天蠍座

射手座

摩羯座

水瓶座

雙魚座

這是哈薩克牧羊犬哦～
抱著睡覺超暖～

抱上手很舒服的大型犬
都是天秤的最愛～

白痴哦！

活潑有生氣的動物都
適合白羊～

另類派

瑞麗，你～抱得
太～太緊了～

要熱鬧的雙子，
會養各種新奇的寵物

我才不養動物呢～
貓貓狗狗的，會把家弄髒弄亂！

不是叫你安靜
嗎？再吵怎麼
帶你回家！

表裡不一的處女
其實很有愛心～

小毒龍好像很
喜歡你呢～

包容心最強的雙魚，會養稀奇古怪的動物～

寶寶篇 **19**

當十二星座照顧寶寶時，他們會……

天秤座

天蠍座

射手座

摩羯座

水瓶座

雙魚座

真厲害～不愧是我的 baby～

天秤專心培養孩子的興趣。

再吵的話殺了你！

他真的會下手，別再哭了！

敢為難天蠍，就算親生兒子也不會手下留情！

等一下就還你啦，再吵爸爸要來了！

射手邊玩邊照顧～

天秤座

天蠍座

射手座

摩羯座

水瓶座

雙魚座

大道之行也，天下為公，選賢與能，講信修睦，故人不獨親其親，不獨子其子；使老有所終，壯有所用，幼有所長，鰥寡孤獨廢疾者皆有所養；男有分，女有歸，貨惡其棄於地也，不必藏於己；力惡其不出於身也，不必為己；是故謀閉而不興，盜竊亂賊而不作，故外戶而不閉，是謂「大同」

bu-?

摩羯從小就教導
寶寶做人的道理。

先等我看完這集

等一下泡牛奶
給你喝

我要牛奶

水瓶會訓練寶寶
學會成長、獨立。

叫爸爸呀～

這是什麼？
我兒子呢！

嗝～

雙魚給寶寶吃
各種好吃的～

地雷語篇 20

對十二星座說什麼會讓他們最受傷？

 天秤座

 天蠍座

 射手座

 摩羯座

 水瓶座

 雙魚座

沒大腦，只會衝動！

白羊

摳門的小氣鬼！

金牛

才沒有

只會說，什麼都做不好！

雙子

我討厭你媽媽！

巨蟹

和你在一起讓我很丟臉！

獅子

白痴呀去死吧！

處女

你樣子太難看了！

天秤

你連在床上也那麼無聊！

天蠍

你錯了！

射手

你真沒用！

摩羯

笨蛋！外星人！

水瓶

其實我和你只是玩玩的。

雙魚

遊樂園篇 21

當十二星座去遊樂園玩，他們會……

天秤座

天蠍座

射手座

摩羯座

水瓶座

雙魚座

哇！我要去玩雲霄飛車！

過山車～小兒科啦！

這裡的雲霄飛車是連續十圈旋轉，一起去吧～

你們自便～我幫你們看包包。

什麼！十圈？

白羊

獅子

射手

金牛

喂喂～逃兵！

一起玩吧～

射手、白羊除了自己愛玩刺激項目，還要拖其他人受罪。

好厲害呀～

要開了～

開始了嗎！

唓……

哇！

救命呀！！！

白羊座

金牛座

雙子座

巨蟹座

獅子座

處女座

噓～別出聲

你們沒事吧？幸好我有帶藥哦。

巨蟹

什麼嘛？其他人不見了。

我幫你們一起找人～

跑到哪兒去了？

還想玩大怒神呢！

為什麼要躲起來？

所以說別去什麼遊樂園。

處女 摩羯

天秤

這個你就不懂了！總之碰到他們，一定沒好下場～

一直就想和你們一起～玩摩天輪～咖啡杯的～好浪漫呢～

那玩什麼？

天生浪漫派

好吧～一起去玩摩天輪吧！

不要，萬一停電怎麼辦？

但我不想陪你坐。

那……旋轉木馬呢？

只轉一圈有啥好玩～

不要就不要～

咖啡杯呢？

也不要！打死也不要！

我竟然約的土象悶騷星人去玩！我的腦子一定進水了！

我真傻……早知道就不來了～

小秤你一個人？不如和我們一起玩～

水瓶

Welcome～

GF ♏ Bf ♓

天蠍 & GF 雙魚 & BF

真的可以嗎？

但是你們不會拉我玩機動遊戲？

沒事，我們才不愛那些～

我好怕

說到遊樂園，當然要玩那個～

哪個？

沒事～有我在～有我保護你！

你就是鬼嗎？三圍多少？

嚇死我了！

好怕哦！

沒事～相公抱抱～

遊樂園最討厭了！

超怕鬼

天秤座

天蠍座

射手座

摩羯座

水瓶座

雙魚座

擠電梯篇 22

當十二星座被迫擠電梯時，他們會……

美女搭訕篇 **23**

當十二星座被美女搭訕時，他們會……

帥哥～
有空嗎？

叫我嗎？

下一刻!

天秤座

天蠍座

射手座

摩羯座

水瓶座

雙魚座

天秤座

天蠍座

射手座

摩羯座

水瓶座

雙魚座

天秤成了處女的同伴

天蠍先看對方是什麼貨色

先自拍一個～射手

去死排行榜篇 24

綜合某論壇星座小組中，
各「某某星座去死」的人數排名……

死白痴！又弄髒我衣服！
去死吧！死白痴！

B咖男朋友

白羊座
金牛座
雙子座
巨蟹座
獅子座
處女座

第十二位

AAA

BBB

中立

身為天生的外交家、人際關係王，即使有不滿也
不會當場翻臉，天秤讓人再恨也有限。

第十一至第九位

別看我們火氣沖天，但
不會無故找碴發火。

義字當頭，
朋友先行！

反正我們不是令人
討厭的一群人～

其實火象星人都
是事不關己的

白羊　　獅子

射手

第八位

人家還不是為
了你才做這些。
衰人，討厭鬼！

我又沒說
你不對！

你在亂想什麼！

有被迫害妄想症的巨蟹，
有時真的很令人討厭。

天秤座

天蠍座

射手座

摩羯座

水瓶座

雙魚座

第七位

他X的，又做錯了。說了幾次呀！

blah blah blah～

去死吧！

白痴！

shop

嘴大話多但很膚淺，沒記性、做事又馬虎的性格，經常使雙子惹人厭。

第六位

你X的，輪到你打掃了！

別想逃！

我就是那麼特別～

愛假掰，外星人性格，再加上懶惰習慣，讓人不能接受水瓶。

第五位

你電話響了四聲才回我，你不關心我了。以後別再見，去死吧！

等一下！

別碰我！

B.F

雙魚，拜託你，別再胡思亂想了。

白羊座
金牛座
雙子座
巨蟹座
獅子座
處女座

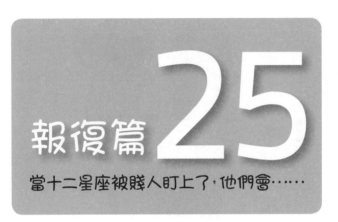

報復篇 **25**

當十二星座被賤人盯上了，他們會⋯⋯

天秤座

天蠍座

射手座

摩羯座

水瓶座

雙魚座

金牛座

他這種人，
遲早有報應的。

哼！

金牛不會主動報復，

在心裡默默記帳，

　等著對方倒楣的那天。

白羊座

金牛座

雙子座

巨蟹座

獅子座

處女座

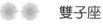
雙子座

巨蟹座

下一頁！

那傢伙，又偷了我的圖，
還把作者名刪掉……

別哭，
有我們呢！

什麼！

巨蟹將受害的哀怨放大，
將對方惡行公諸於世，
用道德輿論譴責對方

就是那傢伙，
狠狠的打！

別打臉呀！

 天秤座

 天蠍座

 射手座

 摩羯座

 水瓶座

 雙魚座

獅子座

偷圖那人，三天沒換內褲。

噁

說他壞話？太小家子氣了！

別哭，
我幫你教訓他！

哭訴一切？太沒用了

獅子在報復時，也要顧著面子，
使得報復效果實在有限，
最後成了獅子一個人私下發洩，
氣呼呼的不理對方。

再來一次
就打死他！

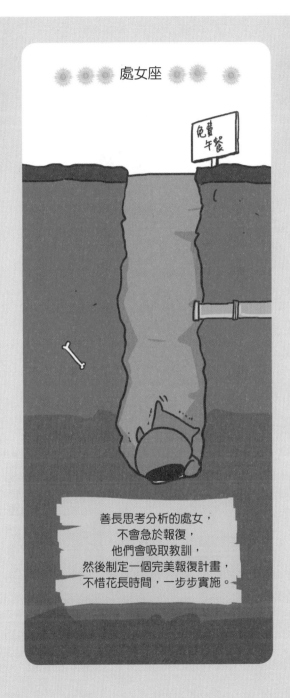

處女座

免費
午餐

善長思考分析的處女，
不會急於報復，
他們會吸取教訓，
然後制定一個完美報復計畫，
不惜花長時間，一步步實施。

天秤座

天蠍座

射手座

摩羯座

水瓶座

雙魚座

天秤座

哈哈～
又賺了

我們收到舉報
說你亂扔垃圾，
現在逮捕你。

天秤座不會把報復搞得明目張揚，
但常會用正當理由，例如把對方
犯下的小問題擴大，
由第三方打擊對手。

BiBo BiBo

 天秤座

 天蠍座

 射手座

 摩羯座

 水瓶座

 雙魚座

天蠍座

天蠍座是最記仇的星座，但是真正實幹報仇的並不多，因為天蠍不會輕易為愚蠢的報復而毀了自己。

話雖如此……

射手座

你怎能偷我的圖！

這個

因為我也喜歡星座，
所以忍不住就轉發了。

很有趣呢！

是嘛～
那你覺得怎樣？

射手發洩，圖的是爽快，

持續不了多久，回頭又像沒事，

一樣和對方重新來往也不定。

摩羯座

可惡，既然
這樣的話，

我要全世界知道
這是誰的漫畫！

摩羯深知有實力才成功的硬道理，
遇到不公時，摩羯會化憤怒為力量，
他回成功之時，才設法令對手永不
翻身。

漫畫新人獎

天秤座
天蠍座
射手座
摩羯座
水瓶座
雙魚座

白羊座

金牛座

雙子座

巨蟹座

獅子座

處女座

水瓶座

呵～～
欠～～

抓 抓
抓

報復那麼俗的事，
水瓶實在懶得幹，用不屑
劃清界線，無愛亦無恨。

雙魚座

嗚嗚
嗚嗚

雙魚與巨蟹很相似，以受害者形式出現，用柔弱喚起眾人的不平，讓旁人幫助你。不過先不論這招管不管用，得罪雙魚了，他一定會想盡辦法咒死你為止。

打你小人頭

打死你

古老的巫術
……

天秤座

天蠍座

射手座

摩羯座

水瓶座

雙魚座

愛情觀篇 26

當十二星座談戀愛，他們會⋯⋯

天秤座

天蠍座

射手座

摩羯座

水瓶座

雙魚座

跟你說，明天爸爸要來了，東西要收好。

哦，知道！

ㅠ

PIE

雙子

還有呀，吃飯時禮貌點，浴室不要弄溼，東西不能吃剩下～

PIE

知道！

別讓老爸討厭你。

喂喂～看到了嗎～我CANDY到 249 關了！

ㅠ

殺

想死嗎！

我在聽！

雙子雖然並非惡意玩弄感情，但喜歡多變新鮮的心態容易導致感情不穩定。

白羊座
金牛座
雙子座
巨蟹座
獅子座
處女座

♎
天秤座

♏
天蠍座

♐
射手座

♑
摩羯座

♒
水瓶座

♓
雙魚座

回家煮飯吧，我肚子餓扁了！

知道了～愛吃鬼！

很久沒見了，最近還好嗎？

獅子前輩～見到你真好～

真的嗎

不如來我家一起吃飯吧！

獅子

我好想你哦～

沒辦法呀，我太有魅力了～

但妳也要知道，我只愛妳一個，今生和永遠～

獅子喜歡受人愛慕，但其實對自己真正喜歡的人很專一。

白羊座

金牛座

雙子座

巨蟹座

獅子座

處女座

處女

喂，大熊，明天我要移民去巴黎了，在走之前我想告訴你，這二十年來，我一直愛著你～

但是……我明天要回鄉下結婚了～

其實我也愛妳呀，不過妳從來不說，我以為妳看不上我。

他X的！

我怎知你喜不喜歡我呀！你以為表白很容易呀！臭男人！

「被動暗戀之王」處女座，總是因為太糾結而錯失良機……

天秤座

天蠍座

射手座

摩羯座

水瓶座

雙魚座

我們也交往三年了，不如我們買房子，結婚吧～

射手

g.f

但是買房子要還債很多年，以後壓力大很多呀。

我看不如把結婚換成旅行～一年一次環遊世界不是更好？

去死吧！

射手要的是可供他們探索、具有無窮可能性的未來，平凡生活令他們窒息。

白羊座

金牛座

雙子座

巨蟹座

獅子座

處女座

天秤座

天蠍座

射手座

摩羯座

水瓶座

雙魚座

親愛的，嫁給我吧～

什麼！

水瓶

只顧玩的你，竟然求婚！
不會是陷阱吧？

g.f

你真的想結婚嗎？
明明之前還對人家冷淡～

我這麼不可靠嗎？

g.f

絕對有！

只是因為之前有很多事未解決，
一穩定下來，就想快點和妳在一起！

g.f

水瓶的戀愛狀態是兩種極端，要不是若即若
離感覺冷淡，就是快得讓人措手不及。

弓角戀篇 27

當十二星座陷入弓角戀時，他們會……

你說你愛我的！

我不會放手的！

白羊座

金牛座

雙子座

巨蟹座

獅子座

處女座

天秤座

天蠍座

射手座

摩羯座

水瓶座

雙魚座

白羊座

金牛座

雙子座

巨蟹座

獅子座

處女座

安慰篇 28

當有人心情低落，甚至一心求死時，
十二星座會……

白羊座

金牛座

雙子座

巨蟹座

獅子座

處女座

白羊座

金牛座

雙子座

巨蟹座

獅子座

處女座

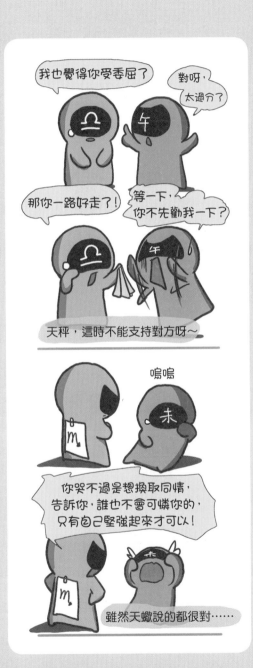

天秤座
天蠍座
射手座
摩羯座
水瓶座
雙魚座

白羊座

金牛座

雙子座

巨蟹座

獅子座

處女座

天秤座

天蠍座

射手座

摩羯座

水瓶座

雙魚座

探病篇 **29**

當十二星座去探病……

下一頁！

天秤座

天蠍座

射手座

摩羯座

水瓶座

雙魚座

白羊座
金牛座
雙子座
巨蟹座
獅子座
處女座

天秤座

天蠍座

射手座

摩羯座

水瓶座

雙魚座

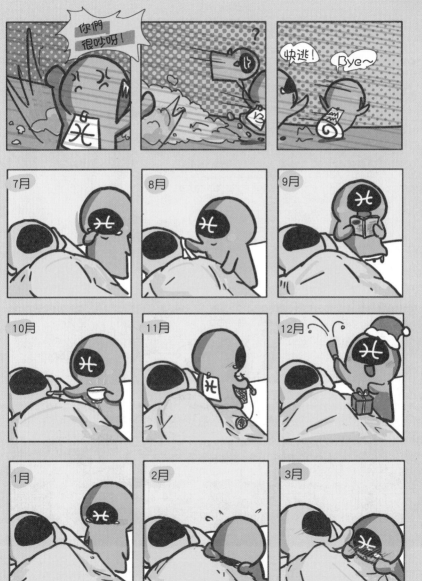

料理大賽篇 30

當十二星座組隊比賽廚藝，他們會⋯⋯

♎ 天秤座

♏ 天蠍座

♐ 射手座

♑ 摩羯座

♒ 水瓶座

♓ 雙魚座

白羊座
金牛座
雙子座
巨蟹座
獅子座
處女座

白羊座

金牛座

雙子座

巨蟹座

獅子座

處女座

上班篇 31

當十二星座進入職場後，他們會……

摩羯

主角

白羊座
 金牛座
 雙子座
 巨蟹座
 獅子座
處女座

進度

水瓶同事

天秤座

天蠍座

射手座

摩羯座

水瓶座

雙魚座

到底是……什麼？

小糰，你在做啥呀？

寫計畫書呀！

做設計最好可以奔放誇張點，現在太中規中矩了，怎能吸引人呢～

射手的建議都是隨口亂說～

你說的好像又挺有道理。

當然最好加點 21 世紀新元素進去啦！

嗯嗯～21世紀元素～

可是～啥是 21 世紀元素！

好像在哪兒聽過！

呃，啥是21世紀話題？

你看你這做得太馬虎了。字做得這麼小，換一個吧。中間橫幅一點也不居中～太浮誇了！

吐糟無力，反正這就是處女～

做設計呀，還是中規中矩好～

嗯嗯

什麼……

熱血上司　　　　　　　　　　　　　　　　　冷血上司

白羊座
金牛座
雙子座
巨蟹座
獅子座
處女座

這個．這樣子～行了吧

一番修改後

這終於行了吧⋯⋯

獅子經理，那設計我弄好了！

哦～我看看～

天蠍經理，那設計我做好了⋯⋯

?

嗯

嗯

顏色太淡了！哪裡吸引人呀！重新用暖色做一次！

獅子都是喜歡暖色多點

這顏色！太誇張了！換掉！

有著和獅子相反審美觀的天蠍

救星

剛好完成了～

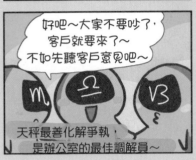

天秤座

天蠍座

射手座

摩羯座

水瓶座

雙魚座

白羊座
金牛座
雙子座
巨蟹座
獅子座
處女座

討價還價

要加班了……

一分錢一分貨呀，
要不多送一份給你吧！

這樣呀

嗚嗚……

加班中

那好吧～
一言為定哦。

好的～
沒問題～

都沒人理我

那我明天
派人送給你～Bye～

這個是
小蟹
給我的！

聽到了還站在這兒？
快去加班趕方案呀！

呃！

雙子變起臉來比誰都快～

好暖呢……

放屁篇 **32**

當十二星座遇到別人放屁，他們會……

白羊座

金牛座

雙子座

巨蟹座

獅子座

處女座

未知危險篇 33

當十二星座遇到未知的危險，
他們會有什麼反應？

♎
天秤座

♏
天蠍座

♐
射手座

♑
摩羯座

♒
水瓶座

♓
雙魚座

獅子喜歡炫耀

處女會觀察細節

天秤習慣順從

天蠍會先偷偷調查

天秤座

天蠍座

射手座

摩羯座

水瓶座

雙魚座

東西不見篇 34

當十二星座發現東西不見後，他們會……

天秤座

天蠍座

射手座

摩羯座

水瓶座

雙魚座

唏……

手錶呢？……

明明放好了
怎不見了

不服輸的白羊
當然相信自己
不會出錯

算了！
再買好了

雙子果然是
貪新忘舊的慣犯。

那是我花了30元買
的怎能弄丟呢！

愛錢的金牛，最怕吃虧～

哼！我一定
得找回來

用得越舊巨蟹越不願捨棄～

白羊座
金牛座
雙子座
巨蟹座
獅子座
處女座

獅子最討厭偷東西的壞行為～

天秤很依賴別人。

處女又開始怪罪別人～

希望東西沒人撿到，
不然會被天蠍咒罵死～

天秤座

天蠍座

射手座

摩羯座

水瓶座

雙魚座

這CD去年借你的

早知道就不還了

原來我也有這CD呀！

射手在這方面很遲鈍。

回憶中——

我想起來放在哪裡了！

摩羯會回憶自己如何弄丟。

哎呀……
不見了……
咦……

丟了就算了，但下次不要再犯。

水瓶是想得開，又自我反省的人。

♪ 咦

哪個賤人喝了我的可樂！

雙魚愛往壞方向想。

祝各位新年快樂~
金牛滿屋~

我不會給你的！

天秤座

天蠍座

射手座

摩羯座

水瓶座

雙魚座

現在的晚會太垃圾!

什麼表演節目!

越做越差!

再看的話會瞎的!

處女向摩羯吐槽晚會節目

摩羯手捧一茶,不發一語

哦,亞大去香港旅遊了

心心寄給我賀年卡呢!

是嗎?

雙子埋頭寄祝福簡訊(其實是在玩遊戲)

雙魚找個安靜的角落感受節日氣氛

什麼!不可能吧!

喂喂,你進了我別墅要付一百萬哦!

付不出就拿紅包來!

天秤和親友交際中

天蠍水瓶過節也不忘欺負親戚的小孩

白羊座
金牛座
雙子座
巨蟹座
獅子座
處女座

雙子男友的早餐～

第一天

笨蛋～你今天
很早起床呢～

因為要準備
早餐給妳呢～

是什麼呀？

4°c咖啡
配麵包Pizza
（全自製）

連瓶子也一起
冷藏的咖啡

撒上起士粉，
抹上切達乳酪，依次放
上西班牙香腸、青椒和洋
蔥，再加上番茄醬，180°c
焗烤 10 分鐘～

第二日

果然笨～

娘子～我想多睡會兒,早餐準備好了,是妳最愛的皮蛋瘦肉粥～

把隔夜飯加水煮 25 分鐘,再加入瘦肉和皮蛋煮 5 分鐘即可～

第三日

我好像發燒了,早餐妳出去買吧!換好衣服了嗎?一起走吧!

PIE PIE的感謝語

FUN 系列 001

星座大戰首部曲

繪　　者—PIEPIE ♓
文　　字—王小亞 ♏、夏美 ♎
主　　編—陳信宏 ♐
責任編輯—葉靜倫 ♒
責任企畫—曾睦涵 ♊
視覺設計—果實文化設計 fruitbook@gmail.com ♌

總 編 輯—李采洪 ♍
董 事 長—趙政岷 ♏
出 版 者—時報文化出版企業股份有限公司
　　　　　108019 臺北市和平西路 3 段 240 號 3 樓
　　　　　發 行 專 線—（02）2306-6842
　　　　　讀者服務專線— 0800-231-705・（02）2304-7103
　　　　　讀者服務傳真—（02）2304-6858
　　　　　郵　　　　撥— 19344724　時報文化出版公司
　　　　　信　　　　箱— 10899 臺北華江橋郵局第 99 信箱
時 報 悅 讀 網—http://www.readingtimes.com.tw
電 子 郵 件 信 箱—newlife@readingtimes.com.tw
時報出版愛讀者粉絲團—http://www.facebook.com/readingtimes.2
法律顧問—理律法律事務所 陳長文律師、李念祖律師
印　　刷—金漾印刷有限公司
初版一刷—2013 年 12 月 20 日
初版二十九刷—2024 年 1 月 8 日
定　　價—新臺幣 240 元
（缺頁或破損的書，請寄回更換）

時報文化出版公司成立於一九七五年，
並於一九九九年股票上櫃公開發行，於二〇〇八年脫離中時集團非屬旺中，
以「尊重智慧與創意的文化事業」為信念。

星座大戰首部曲／PIEPIE、王小亞、夏美　著
初版. -- 臺北市：時報文化, 2013.12
面；　公分. -- (Fun系列；1)

ISBN (平裝) 978-957-13-5871-0

1.占星術　2.通俗作品

292.22　　　　　　　　　　　102024962

ISBN 978-957-13-5871-0
Printed in Taiwan